I libri SALVAMONDO

ANDREA VICO
LUCIA VACCARINO

NON SPRECHIAMO IL CIBO

FABBRI
EDITORI

Pubblicato per

FABBRI EDITORI

da Mondadori Libri S.p.A.

Prima edizione: maggio 2020
ISBN 978-88-915-8335-2

Written by Andrea Vico e Lucia Vaccarino

A story by Book on a Tree
www.bookonatree.com

Illustrazioni di Francesca Rizzato

Progetto grafico, impaginazione e coordinamento editoriale:
studio pym / Milano

«Dai Vane, muoviti!» esclama Filippo, davanti all'ingresso della cascina-ristorante IL VECCHIO FIENILE.

«Aspetta, non posso andare alla festa di compleanno di Francesca con i capelli da PAZZA!» gli grida Vanessa.

Per l'occasione si è fatta aiutare da Lila ad acconciare i capelli in grandi boccoli, ma il casco della bicicletta glieli ha tutti SCOMPIGLIATI. Lila annuisce in segno di approvazione mentre infila la sua bici blu nella rastrelliera.

Fil sbuffa con ESAGERATA insofferenza. Lui e Vanessa si conoscono da quando andavano

il VECCHIO
FIENILE

all'asilo, e da allora non hanno mai smesso di BATTIBECCARE. Lila è arrivata qualche anno dopo, ed è diventata subito molto AMICA di entrambi.

«Lila, non scordarti il REGALO» dice Fil, indicando il cestino della bici dell'amica.

«Giusto!» Lila si affretta a prendere il pacchetto avvolto in carta di giornale che ha decorato incollandoci sopra dei PICCOLI ORIGAMI. Si accerta che non si siano schiacciati durante il tragitto.

«Faremo un figurone! Ma adesso andiamo, se non ci SBRIGHIAMO arriveremo a festa finita!» esclama Fil.

«Come mai tutta questa fretta?» gli chiede Vanessa, mentre un SORRISETTO BEFFARDO si dipinge sul suo viso.

Il ragazzino sgrana gli occhi. «Non è come pensi! È che IMPAZZISCO per i DOLCI del padre di Francesca!»

Il papà della loro compagna di classe è il proprietario della PASTICCERIA che c'è sul corso. «Le sue torte sono leggendarie!» spiega Fil. «E se non vi muovete mi perderò non solo quelle, ma L'INTERO BUFFET!»

«Che DELIZIA le pizzette di Giulio!» esulta Lila. «Quando le porta in classe per il compleanno finiscono sempre in un attimo.»

«Ecco, appunto, allora ANDIAMO...» conclude Fil.

Lila e Vanessa si scambiano un'occhiata, scoppiando a RIDERE. «Dopo di te» dicono in coro, indicandogli l'ingresso.

Francesca è una ragazzina riccia dalla pelle scura, con due SIMPATICHE FOSSETTE sulle guance e un bel sorriso luminoso. In quel momento è così CONTENTA che potrebbe quasi rischiarare una stanza.

«Ben arrivati!» esclama.

«Questo è per te» dice Fil, dandole il regalo.

«WOW, ragazzi, è quasi un peccato aprirlo!» risponde lei, ammirando L'ORIGINALITÀ dell'incarto con gli origami e sistemandolo insieme agli altri regali che ha ricevuto. «Venite, stiamo per mettere su la MUSICA.»

La cascina, in passato, era proprio un vecchio fienile e adesso è stata ristrutturata dai proprietari per diventare un RISTORANTE CON UN GRANDE SPAZIO ALL'APERTO.

È molto vicina alla città ed è spesso meta di scampagnate alla ricerca di un po' di NATURA, TRANQUILLITÀ e DELIZIE a chilometro zero.

Accanto al ristorante c'è infatti lo spaccio dell'azienda agricola, che produce FRUTTA e VERDURA, conserve di verdura, MARMELLATE e FORMAGGI di capra.

A metà Ottocento nel nord Italia si coltivavano 190 varietà diverse di pere e circa 80 di mele. Oggi ne sono rimaste una quarantina: le altre varietà sono andate perse per sempre, sacrificate alle logiche commerciali che hanno selezionato i frutti esteticamente più belli perché sono più facili da vendere.

Diminuire la biodiversità, ossia la varietà di frutta e verdura, comporta un grave danno all'ambiente per molti motivi:

- si danneggia la catena alimentare togliendo ad alcuni animali il loro cibo preferito;
- si perdono specie di alberi e arbusti che fornivano rifugio a insetti e uccelli;
- si impoverisce il terreno; la monocoltura, cioè la coltivazione dei campi con un'unica pianta, non permette al suolo di rigenerarsi (sullo stesso suolo bisognerebbe piantare a rotazione coltivazioni diverse);
- si indeboliscono le coltivazioni: i parassiti, i funghi, le muffe e i virus delle piante diventano molto più pericolosi e intere piantagioni possono essere spazzate via nel giro di poche settimane.

La biodiversità aiuta a proteggere la natura!

Sotto le travate sono stati posizionati due tavolacci di LEGNO con decorazioni in stile campestre, fatte di SPIGHE e FIORI secchi.

«Che MERAVIGLIA!» Lila è estasiata.

«E che ABBONDANZA!» aggiunge Vanessa.

Sui tavoli è esposta in bella mostra una GRANDE QUANTITÀ di tartine, panini, pizzette, torte salate preparate con i prodotti della cascina... e ovviamente i dolci del papà di Francesca! Ce n'è per tutti i gusti, ed è impossibile non farsi venire L'ACQUOLINA IN BOCCA.

ECOCURIOSITÀ

Una mela per crescere ha bisogno di acqua. Ma non solo quella che il contadino usa per irrigare il frutteto. C'è l'acqua per fare la cassetta di plastica che trasporta la mela al supermercato, l'acqua per lavare gli scaffali che la mettono in mostra, l'acqua che consuma il frigorifero per tenerla in fresco, l'acqua per lavare la buccia prima di mangiarla, l'acqua per pulire il secchio dell'umido dove il torsolo è stato buttato prima di diventare compost e così via.

Lo stesso vale per una bistecca o una mozzarella. Tutti i nostri cibi hanno bisogno di acqua per poter esser prodotti, un'acqua «invisibile» perché non la percepisci... non la vedi. Eppure è indispensabile.

Per ogni mela servono 130-150 litri d'acqua: sono tantissimi, ma per altri prodotti della terra ne occorrono molti di più.

Una bistecca di vitello da 150 grammi ha bisogno di 2300 litri di acqua, una bistecca di maiale dello stesso peso 800-900 litri.

Una merenda con pane e cioccolato significa 1700 litri di acqua per una barretta di 100 grammi di cioccolato e 100-120 litri per una fetta di pane (un chilo di pane: 1600 litri, ma oltre 2000 se è pane ai cereali). Una merendina confezionata richiede 2000 o 3000 litri di acqua: per gli ingredienti, ma anche per la plastica, la carta e l'alluminio con cui viene confezionata.

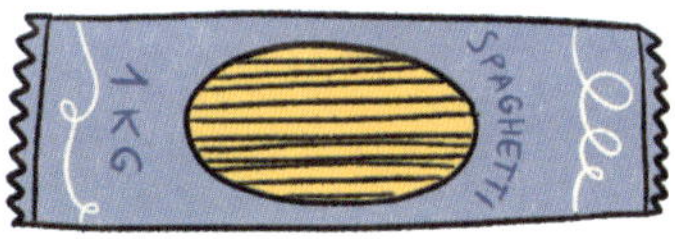

= 1900 LITRI D'ACQUA

= 2500 LITRI D'ACQUA

= 200 LITRI D'ACQUA
(350 LITRI PER I POMODORINI)

= 290 LITRI D'ACQUA

«E tu che credevi di non trovare più niente...» Lila rifila una gomitata SCHERZOSA a Fil.

«Servitevi pure» dice la mamma di Francesca, facendo cenno di avvicinarsi al tavolo. «È tutto BUONISSIMO!»

Con un pezzo di nastro adesivo di carta e un pennarello, sta CONTRASSEGNANDO i piattini e i bicchieri che distribuisce ai ragazzi.

«Grazie. È FANTASTICO, signora!» esclama Fil rapito,

ECOCURIOSITÀ

Preferire la plastica biodegradabile e compostabile è senz'altro un passo avanti. Ma anche la bioplastica richiede energia per esser prodotta, trasportata e smaltita. Che vengano dal petrolio o che siano biodegradabili, è davvero necessario usare bicchieri e posate monouso? Anche no! Quando si fa una festa all'aperto o a scuola, perché non portarseli da casa, per poi lavarli e riutilizzarli, invece di gettarli?
Molte scuole sono dotate di una «Stoviglioteca», cioè di un kit di stoviglie in plastica dura, resistenti, leggere, lavabili e riusabili: la plastica ha una vita molto lunga e non sempre va considerata una cattiva opzione.
In molti negozi è possibile acquistare prodotti sfusi di tutti i tipi portandosi i contenitori da casa. In questo modo si evitano imballaggi usa e getta e si aiutano i negozi di quartiere a essere competitivi rispetto alla grande ditribuzione dei supermercati.

mettendo sul piattino dei quadrotti di TORTA SALATA e dei piccoli PANINI tondi imbottiti.

In quel momento parte la MUSICA.

Lila e Vanessa si scambiano un'occhiata d'intesa, e si BUTTANO NELLE DANZE.

«Fil, non vieni?» lo chiamano, mentre già stanno saltellando fra gli amici.

Ci saranno una ventina di ragazzi che già si SCATENANO, e altri ne stanno arrivando.

«Eccomi, un momento... assaggio anche uno di questi» risponde Fil agguantando un PASTICCINO, poi posa a malincuore il piattino e si fa trascinare in cortile, dove sono stati organizzati un sacco di GIOCHI ALL'APERTO ed è stata allestita una piccola pista da ballo. Ci sarà da divertirsi!

Francesca ha soffiato sulle CANDELINE e aperto i regali, la festa sta per finire.

«Che c'è Vane, non ti è piaciuto il dolce?» domanda Fil, vedendo che l'amica se ne sta in disparte sorseggiando una bibita.

Ha L'ARIA PREOCCUPATA, mentre il resto dei loro amici

e compagni di classe si sta ancora facendo un sacco di risate.

«No, era buonissima, ma stavo pensando a una cosa...»

«Cosa?»

«CHE FINE FARÀ IL CIBO AVANZATO?» dice indicando i tavoli, sui quali i vassoi sono ancora mezzi pieni.

È chiaro che sarà IMPOSSIBILE finire tutte quelle prelibatezze. Neanche Fil durante uno dei suoi INCONTROLLABILI attacchi di fame ci riuscirebbe!

La madre di Francesca si avvicina in quel momento. «Scusate, non ho potuto fare a meno di sentire cosa stavate dicendo, e voglio RASSICURARVI: non c'è motivo di preoccuparsi. La nostra pasticceria, insieme all'associazione dei commercianti di zona, collabora attivamente con il BANCO ALIMENTARE, un'organizzazione il cui obiettivo è RECUPERARE le eccedenze alimentari, compreso il cibo fresco, e distribuirlo alle PERSONE BISOGNOSE.»

«Li ho già sentiti nominare: se non sbaglio sono gli stessi della colletta alimentare che si tiene ogni anno davanti ai supermercati» dice Fil.

«Esatto» risponde la madre di Francesca. «Oltre a fare del bene alle persone ne fanno anche all'AMBIENTE, perché

ritirando le ECCEDENZE da aziende, grande distribuzione e mense scolastiche non solo riducono gli SPRECHI, ma anche i costi di smaltimento e la dispersione nell'ambiente di cibi ancora perfettamente consumabili. Venite, vi mostro un volantino sugli sprechi alimentari.»

Sul volto di Vanessa si allarga un GRAN SORRISO. Non sapeva che esistesse qualcosa di simile. Ora è molto più tranquilla!

Ogni anno una famiglia di 4 persone spreca quasi 100 kg di cibo: sono 7-8 frigoriferi pieni di alimenti buttati nella spazzatura. Tra bar, ristoranti e mense si sprecano altri 5-6 frigoriferi di cibo. C'è poi da considerare il lavoro dei contadini, l'acqua per far crescere le piante o allevare mucche e galline, i camion che hanno trasportato tutti quei prodotti in lungo e in largo: il cibo sprecato è un danno all'ambiente oltreché al portafoglio.
Di chi è la colpa? Del nostro cervello. Sprechiamo tanto cibo perché ne compriamo troppo: siamo costantemente bombardati da messaggi pubblicitari sul cibo (che il nostro cervello accoglie volentieri, perché creano una promessa di benessere e di piacere!) e i supermercati sono organizzati per stimolare l'acquisto anche di quello che non serve.
Soluzione? Andare al supermercato con una lista della spesa molto precisa, seguirla rigorosamente (mai andare a far compere quando si è affamati…) e dedicare un po' di tempo a stabilire cosa comprare: ci sono prodotti con marchi anonimi che hanno esattamente gli stessi ingredienti di quelli con marchi noti e pubblicizzati, quello che cambia è solo la confezione e la pubblicità, che può far crescere il prezzo finale di un prodotto alimentare anche del 15-18%!
Un'altra causa degli sprechi alimentari è la nostra pigrizia. A volte siamo un po' distratti e non controlliamo la data di scadenza dei cibi e li mettiamo alla rinfusa dentro il frigorifero o nella dispensa. Negli scaffali spesso alcune confezioni vicine alla scadenza rimangono sepolte da altri cibi con scadenze più lontane, oppure sistemiamo nel frigorifero i cibi sul ripiano «sbagliato» (dove non c'è la temperatura più adatta a conservare bene quel prodotto).

temperatura meno fredda
RIPIANI IN ALTO
avanzi e cibi che si consumano entro breve tempo
RIPIANI CENTRALI
latticini, creme, dolci e salumi
RIPIANO SOPRA AL CASSETTO
carne e pesce
CASSETTO IN BASSO
frutta e verdura
NELLO SPORTELLO
uova, burro e bevande
temperatura più fredda

Un paio di pomeriggi dopo, i tre amici si ritrovano nella CUCINA della casa di Vanessa per fare i compiti.

«Finito!» esclama Lila, chiudendo il quaderno di matematica.

«Beata te...» commenta Fil.

Lila è una SCHEGGIA in matematica, è sempre stata portata per le materie scientifiche. Al contrario di Fil, che inizia a sudare e VA IN PANICO ogni volta che si trova davanti ai numeri.

«Vi manca molto?» chiede la ragazzina, adocchiando i quaderni dei due amici.

«Almeno altri due esercizi» risponde Vanessa. «Poi però possiamo fare PAUSA.»

Lila guarda fuori dalla finestra. Quel giorno PIOVE A DIROTTO, nessuna possibilità di uscire a giocare.

«Potremmo fare una torta, conosco una ricetta SUPER BUONA!» esclama allora, entusiasta.

«La tua famosa torta a forma di vulcano al contrario?» ridacchia Fil. Vanessa gli dà un calcio da sotto il tavolo. Anche se l'amico ha ragione: a combinare cifre Lila è bravissima, ma quando si tratta di MESCOLARE INGREDIENTI, i risultati che ottiene non sono altrettanto «giusti»...

«Torte? Avete detto torte?» si intromette Luca, il fratellino di Vanessa, entrando in cucina e dirigendosi verso il FRIGORIFERO. Lo spalanca e lancia un mugugno. «Mi avete fatto venire voglia di una BELLA MERENDA, ma in questa casa ci sono solo frutta, verdura, yogurt e biscotti secchi!»

«Potresti farti un panino con la MARMELLATA» suggerisce Vanessa, cercando di toglierselo di torno.

«Ma quale marmellata, mi piacerebbe una megamerendina al cioccolato. E un hot dog con tanto ketchup, e le patate fritte con la maionese! E degli snack gusto pizza!»

«Più che una merenda, un PASTO COMPLETO...» ridacchia Fil. «Sei peggio di me... A scuola abbiamo fatto una ricerca sui cibi TROPPO ZUCCHERATI, guarda!» continua Fil aprendo sul tavolo il suo quaderno di scienze.

«Non ci penso proprio, ho troppa FAME per mettermi a studiare» risponde Luca.

«Ma per l'hot dog dovrai fartene una ragione, pulce, non lo avrai. Credo ci sia ancora una barretta di cioccolato alle nocciole, IN DISPENSA» interviene Vanessa. «E adesso… aria! Circolare!»

Luca apre le ante della dispensa, rovista fra barattoli di FRUTTA SECCA, FARINE E PROVVISTE varie lamentandosi per la quantità di scatole, buste e confezioni ammassate, poi finalmente trova la BARRETTA, la agguanta e batte in ritirata in salotto, da cui immediatamente iniziano a provenire i SUONI del televisore acceso.

Anche consumare cibo in eccesso è una forma di spreco alimentare. Tra gli alimenti che si consumano in eccesso ci sono merendine e biscotti industriali, succhi di frutta con zucchero aggiunto, snack salati e tutti quei cibi che non fanno parte di un'alimentazione sana ed equilibrata.

Tra le bambine e i bambini nati in Italia dal 2005 in poi, il 30-35% soffre di problemi di sovrappeso e obesità: c'è una cattiva abitudine a mangiare troppo e a non fare sport o anche solo a giocare all'aria aperta. Questo porta a un accumulo di sostanze di cui il corpo non ha bisogno.

Secondo l'Organizzazione Mondiale della Sanità gli zuccheri aggiunti agli alimenti (non quelli naturali, già presenti in quel cibo prima di essere preparato o cucinato) sono una delle maggiori cause di obesità. Per evitare di avere problemi di salute da adulti, fin da bambini gli zuccheri non devono superare il 10% delle calorie giornaliere. Per un adulto vuol dire circa 50 grammi al giorno, corrispondenti a 10 zollette, per un bambino si calcola in base al peso, ma meno ne consuma meglio è. Anche perché la frutta e la verdura fresche (e crude), il latte e il miele contengono già zuccheri a sufficienza.

Oggi lo zucchero aggiunto si trova dappertutto, talvolta in quantità elevata, anche in alimenti insospettabili come zuppe pronte, salse, conserve...

Non ci credi? Fai questa attività, magari in classe insieme ai tuoi compagni:

1. disponete sui banchi tutte le bibite e i succhi che avete trovato in casa, dividendoli per categoria: succhi di frutta, bibite gasate, infusi (tipo tè). Scrivete su un foglio l'elenco di tutti questi prodotti e iniziate a leggere le etichette;
2. per ogni prodotto cercate sull'etichetta la quantità di zucchero presente e riportatela sul foglio, accanto al prodotto preso in esame;
3. procuratevi una bilancia e pesate una zolletta di zucchero bianco;
4. per ogni prodotto, ammonticchiate il numero di zollette corrispondenti alla quantità di zucchero contenuta.

«Il solito seccatore!» sbuffa Vanessa.

«Veramente mi ha fatto VENIRE IN MENTE una cosa...» dice Fil. «Ti ricordi il discorso della mamma di Francesca sul Banco Alimentare, alla festa?»

«Sì, certo... E quindi?» chiede Vanessa PERPLESSA.

«Che DISCORSO?» si intromette Lila.

Mentre Fil le spiega tutto, Vanessa inizia a capire.

«Hai forse intenzione di fare una colletta alimentare?» domanda ENTUSIASTA.

«Pensateci, chissà quanti prodotti vengono lasciati nelle dispense e nei frigoriferi, e VANNO A MALE perché ci scordiamo della data di scadenza» risponde Fil.

«Oppure perché ne prendiamo troppi» aggiunge Lila. «Mia zia si è dovuta mangiare UN SACCO di omogeneizzati alla prugna, perché dopo che ne ha comprati tantis-

1,99€
0,70€
?

ECOCURIOSITÀ

Come evitare di avanzare il cibo?
Prima di tutto, fare una lista della spesa ragionata, programmare il menù della settimana a partire dalla data di scadenza dei prodotti ed evitare di cucinare in eccesso.
Se poi capita che qualcosa sia effettivamente troppo abbondante per esser consumato nei tempi adeguati, il Banco Alimentare, presente ormai in quasi tutte le città italiane, si offre di ritirarlo e di distribuirlo nel giro di 24 ore.
Anche la teconologia aiuta: ci sono app per scambiare gli avanzi tra vicini di casa (è anche un modo per fare nuove amicizie!) e app utilizzate da ristoranti, bar e gastronomie per mettere in vendita a prezzi ridottissimi, a fine giornata, le eccedenze della loro produzione che altrimenti andrebbero buttate. A volte si possono acquistare scatole con contenuto a sorpresa: un modo per evitare lo spreco e per una cena diversa dal solito!

simi in offerta ha scoperto che il mio cuginetto PROPRIO non ne voleva sapere!»

«Però magari qualche altro bambino li avrebbe mangiati VOLENTIERI» approva Vanessa. «Potremmo parlarne con Francesca e sentire che ne pensano i suoi genitori!»

«Ottima idea!» esclama Fil, prendendo appunti sul CELLULARE. «Iniziamo a buttare giù qualche proposta e suggerimento.»

«Quindi niente torta oggi?» fa Lila, un po' delusa.

«Ehm... meglio un'altra volta. E magari, già che ci siamo, chiediamo al papà di Franci se può aiutarti a esprimere le tue doti da PASTICCIERA» aggiunge Fil.

«Tu ridi, ma vedrai che un giorno sarò brava come lui!» risponde la ragazzina facendogli una LINGUACCIA.

«Mamma, i miei amici hanno avuto un'idea che TI PIACERÀ un sacco!» dice Francesca, davanti al bancone della pasticceria, mentre Vanessa, Lila e Fil osservano AMMIRATI tutti quei dolcetti super INVITANTI.

«Un'idea per una FESTA?» domanda la donna con un sorriso.

«Qualcosa di simile...» risponde Fil, e si mette a spiegare IL LORO PIANO.

La madre di Francesca lo ascolta con attenzione e alla fine esclama: «Una colletta alimentare durante la GIORNATA MONDIALE DELL'ALIMENTAZIONE! Sono molto colpita, è una splendida proposta. Inoltre noi, insieme agli altri commercianti del quartiere, stiamo pensando di chiedere l'autorizzazione in Comune per un mercato a

ECOCURIOSITÀ

Circa un quarto delle emissioni totali di gas a effetto serra che provocano l'aumento delle temperature medie della Terra è legato al cibo. A partire dal 1950 le coltivazioni si sono meccanizzate, si usano grandi quantità di fertilizzanti, è nata l'industria dei mangimi per velocizzare la crescita di bovini, suini, pollame.
Ci siamo abituati a prodotti esotici, cioè tipici di altre regioni del mondo, che vengono coltivati in fattorie giganti (latifondi) e che fanno lunghissimi viaggi in nave per arrivare da noi: questo significa causare un altro 6-7% di emissioni di gas a effetto serra, solo per avere gli scaffali del supermercato sempre colmi di ogni tipo di frutta o verdura, in ogni momento dell'anno.
La lotta al cambiamento climatico passa anche dalla spesa: acquistare prodotti di stagione e coltivati il più vicino possibile a dove si abita (l'indicazione del luogo di origine è obbligatoria sull'etichetta) è una buona pratica. Le organizzazioni di coltivatori e i mercati dei contadini sono di aiuto per scegliere meglio.

CHILOMETRO ZERO nel parchetto qui di fronte. Potremmo farla in quell'occasione!».

«Sarebbe bellissimo!» esulta Vanessa.

«Vi darò una mano a organizzare il BANCHETTO per la raccolta. Possiamo contattare insieme il Banco Alimentare, che ne dite?»

Vanessa, Fil, Lila e Francesca si guardano CONTENTI.

«Ma certo!»

È una splendida mattina d'autunno, di quelle tiepide e dal cielo terso.

I volantini e la PUBBLICITÀ SUI SOCIAL hanno dato il massimo rilievo all'iniziativa per la Giornata mondiale dell'alimentazione in collaborazione con il Banco Alimentare.

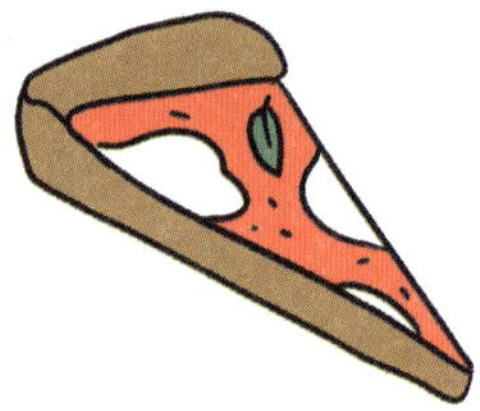

GUMI
FRUTTA e VERDURA
confetture e miele
ATT
ENRICA
RISO
ALE

Noi Sapiens siamo onnivori. Ma anche adattabili: se in passato alcune popolazioni si sono nutrite prevalentemente di pochi cibi (solo frutta e verdura o solo pesce e molluschi, per esempio), non fu per scelta, ma semplicemente perché quel gruppo di Sapiens ha dovuto adattarsi a quello che il territorio offriva. La carne è sempre stata un elemento della dieta degli umani, in tutti i tempi.

Oggi però è ormai chiaro che dagli allevamenti intensivi di animali arriva il 12-14% dei gas serra. È quindi utile limitarsi a mangiare la carne 2-3 volte alla settimana e ricordare che una mucca cresciuta al pascolo nel raggio di 80-100 km da casa offre una bistecca sicuramente più sostenibile.

Rinunciare alle proteine animali, diventare vegetariani o vegani, è una scelta possibile, che va fatta una volta adulti e che può avere diverse motivazioni, tutte rispettabili, facendo attenzione a non cadere negli estremismi. Le scelte alimentari, così come ogni tipo di dieta, vanno sempre accompagnate dai consigli del medico o di un dietista perché, senza rendersene conto, è possibile andare incontro a scompensi o carenze molto dannose per la salute.

LA DIETA MIGLIORE PER NOI È ANCHE QUELLA MIGLIORE PER L'AMBIENTE

VANESSA, LILA, FIL E FRANCESCA sono pronti, con il loro gazebo montato grazie all'aiuto dei genitori, e decisamente EMOZIONATI.

Attorno a loro ci sono i banchi dei COMMERCIANTI del quartiere.

I genitori di Francesca vendono biscotti e CROSTATE, i proprietari del Vecchio Fienile hanno un banco carico di marmellate e conserve.

C'è la PANETTERIA della mamma di Giulio con delle focacce da urlo, un paio di ARTIGIANI che fanno collane e borse, una sarta con una linea di abbigliamento COLORATISSIMA e fatta a mano.

C'è un apicoltore con il suo miele, che vende anche tessuti cerati per la CONSERVAZIONE degli alimenti, e un VIVAIO con tante piantine.

Insomma, ci sono tutte le premesse perché il mercatino sia un vero successo!

ECOCURIOSITÀ

Per tutelare l'ambiente attraverso scelte attente, si può fare la spesa riducendo gli imballaggi e i contenitori di plastica. In Italia l'acqua del rubinetto è di ottima qualità e se ti piace frizzante puoi dotarti di un «gasatore», un elettrodomestico con una bomboletta che aggiunge CO_2 all'acqua, ma anche a spremute e succhi di frutta.

I RAGAZZI non sono soli, con loro c'è Enrica, volontaria del Banco Alimentare. E ben presto iniziano ad arrivare i primi DONATORI con SACCHETTI pieni di cibo in mano.

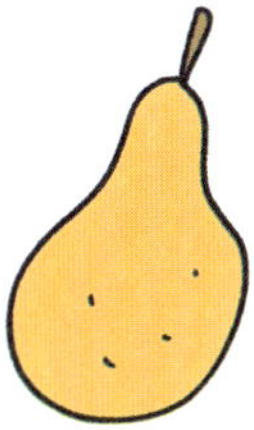

«Ho portato un po' di tonno in scatola e legumi secchi» dice un signore tutto serio. «Ho letto sul giornale che le FONTI DI PROTEINE sono sempre le più gradite quando si fa questo tipo di raccolta. E io NE MANGIO FIN TROPPE...»

«Possono andare bene queste merendine? SCADONO fra un mese e io sono a dieta...» fa un ragazzo cicciottello, con un sorriso un po' IMBARAZZATO, mostrando quattro confezioni di dolcetti al cioccolato.

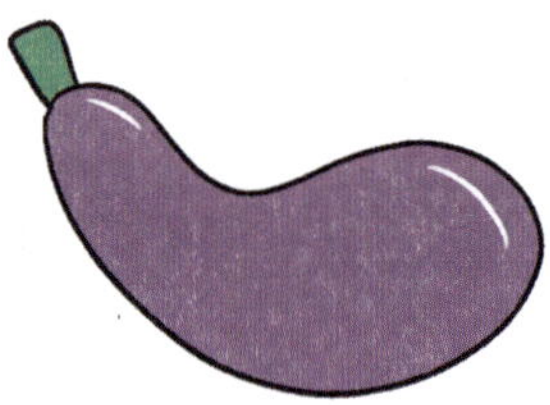

«Ho pensato di comprare un po' di PASTA in più mentre facevo la spesa» spiega una mamma con il figlio piccolo nel passeggino. «E ho questo LATTE IN POLVERE che scade fra qualche mese, ma il mio Paolo non lo beve più ormai.»

«Ecco qua: MIELE, conserve del Vecchio Fienile, un paio di confezioni di biscotti. Così sostengo sia il Banco Alimentare sia i PRODUTTORI LOCALI» ridacchia un'anziana signora, strizzando l'occhio ai ragazzi.

A fine giornata, i quattro amici non possono credere ai loro occhi: hanno riempito parecchi scatoloni di cibo che altrimenti avrebbe RISCHIATO DI FINIRE SPRECATO e di alimenti SANI e NUTRIENTI donati per aiutare i meno fortunati.

«Siete stati GRANDIOSI!» esclama Enrica, mentre tutti i commercianti si avvicinano per fare UN APPLAUSO AI RAGAZZI.

Fil è al settimo cielo, e i sorrisi sui volti delle sue amiche gli fanno capire che anche loro si sentono così: tutti loro sanno che quel PICCOLO GESTO farà una GRANDE DIFFERENZA per qualcuno, e contribuirà a SALVARE IL PIANETA!

CLAP
CLAP
Banco alimentare
CLAP
CLAP
CLAP
CLAP

Finito di stampare nel mese di aprile 2020
presso Cartoedit S.r.l., Città di Castello (PG)

SNACK